CONFÉRENCE DES COMMISSAIRES-PRISEURS

DES DÉPARTEMENTS ET DES COLONIES

HISTORIQUE — SON BUT

SES RÉSULTATS

1881-1909

A. ROUSSEAU, LIBRAIRE-ÉDITEUR

14, RUE SOUFFLOT, PARIS

1910

CONFÉRENCE DES COMMISSAIRES-PRISEURS

DES DÉPARTEMENTS

(1884-1909)

Historique - Son but - Ses résultats

En 1878, le commissaire-priseur qui venait de s'installer à Bayonne, rencontrait, dans cette ville, un vieil usage : le tribunal de commerce avait l'habitude, en l'absence de courtiers, de désigner des huissiers pour procéder à la vente aux enchères non seulement des marchandises du failli — que la vente ait lieu en gros ou en détail — mais encore du mobilier du failli.

C'était là, suivant M. Larrouyet — et l'on va voir qu'il avait raison, — une atteinte portée à ses droits ; mais vainement, il protestait ; la corporation des huissiers de Bayonne résistait à ses prétentions et le tribunal encourageait cette résistance par des désignations nouvelles.

Un procès fut engagé en 1880 et subit, par suite de la résistance des huissiers, tous les degrés de juridiction ; enfin, par arrêt du 23 novembre 1886, la cour de Cassation décidait définitivement que, « dans toutes les ventes autorisées ou ordonnées par la justice consulaire, dans les divers cas prévus par le code de commerce, le tribunal ou le juge, lorsqu'ils écartent les courtiers de commerce, doivent, dans la désignation par eux faite de l'officier public chargé de la vente, respecter les droits appartenant aux autres officiers publics, d'après les lois et règlements constitutifs de leur organisation ; — spécialement, le droit pour les commissaires-priseurs de faire les ventes aux enchères d'objets mobiliers dans le lieu de leur établissement à l'exclusion des notaires, huissiers et greffiers de justice de paix », — que la vente ait lieu, lorsqu'il s'agit de marchandises, en gros ou en détail (1).

M. Larrouyet gagnait ainsi son procès ; mais, pour le soutenir jusqu'au bout, il avait été obligé de faire appel au concours de ses collègues des départements, dont quelques-uns avaient contribué aux frais importants de cette longue lutte judiciaire (2).

C'est alors que le *Journal des Commissaires-priseurs*, au courant de ces faits et frappé de cet exemple de bonne confraternité et de solidarité, songea à la constitution d'une association entre tous les commissaires-priseurs, en prenant pour modèle la Conférence des avoués des départements, le Comité central des huissiers de France, le Comité des notaires des départements (3).

<hr>

(1) Se reporter au texte de cet arrêt et au rapport très intéressant de M. le conseiller Talandier (*Journ. Comm.-pr.*, 86, 263 à 290).

(2) La liste des souscripteurs a été publiée (*Idem*, 82, p. 156).

(3) Se reporter aux articles alors publiés dans ce journal (1880, pp. 40 et 73).

La plupart des commissaires-priseurs — disait alors le rédacteur de ce journal, — connaissent, par expérience, les nombreuses difficultés qu'ils éprouvent à faire respecter leurs privilèges, par les autres officiers ministériels préposés à la vente publique aux enchères des objets mobiliers. C'est surtout dans les villes où il n'existe qu'un seul commissaire-priseur que ces prérogatives sont à chaque instant battues en brèche, par un notaire, un huissier ou un greffier de justice de paix, quand ce n'est pas par un courtier. Comment résister à ces empiètements sur leurs attributions, alors même qu'elles sont clairement définies par la loi, à plus forte raison lorsque l'exercice de ces attributions soulève des questions de droit et de fait les plus délicates. Un commissaire-priseur isolé hésitera le plus souvent, malgré le préjudice qui lui est causé, à engager un procès pour faire reconnaître ses droits méconnus, non seulement à cause des frais qu'il entraîne, mais aussi parce qu'il se trouve en face d'un adversaire, qui ne manquera pas d'avoir l'appui moral et le concours pécuniaire de la compagnie des notaires ou de la communauté des huissiers.

D'autre part, les questions de droit que soulèvent les conflits entre les divers officiers ministériels sont assez peu familières aux magistrats et leurs décisions sur ce point sont souvent divergentes. Il importe donc de les soumettre aux deux degrés de juridiction et parfois même à la cour suprème ; de là des frais importants, lourds à supporter pour un intérêt personnel souvent modeste, bien que le procès engagé soit d'intérêt général.

Ce n'est pas l'isolement des commissaires-priseurs

dans es chefs-lieux d'arrondissement qui est le seul obstacle à l'exercice de leurs revendications, même les plus justes ; l'absence de chambres de discipline, dans les villes où quelques-uns d'entre eux se trouvent réunis, prive aussi ces officiers ministériels du concours de personnes autorisées, qui puissent les conseiller et, le cas échéant, veiller au maintien de leurs prérogatives et à la défense de leurs intérêts collectifs ou individuels.

Ce premier appel rencontra peu d'adhérents ; mais lorsque le projet fut repris, à la fin de l'année 1883, les adhésions arrivèrent nombreuses (1), encourageantes et l'on put envisager avec certitude la prochaine réalisation du projet.

En juillet 1884, quatre-vingt-cinq commissaires-priseurs des départements ne demandaient qu'à se réunir ; deux d'entre eux (M. Canthelou, de Dieppe et M. Appy, d'Aix) présentaient des observations utiles sur la rédaction des statuts (2), qui furent discutés et approuvés dans une Assemblée générale, réunie à Paris le 30 octobre 1884. Le 14 décembre suivant, le Conseil d'administration, élu dans l'assemblée du 30 octobre, nommait son président, son trésorier et son secrétaire : La *Conférence des Commissaires-priseurs des Départements* était alors définitivement constituée ; cinquante-deux commissaires-priseurs prenaient part aux votes (3) ; deux mois plus tard la

(1) Voir quelques-unes des lettres écrites à cette époque *Idem*, 1883, p. 191 et suiv. ; 1884, p. 26 et suiv.)

(2) *Ibid.*, 1884, pp. 147 et 152.

(3) On sait qu'il n'y a plus que 298 offices de commissaires-priseurs en France, en dehors des 82 du département de la Seine. — Il y en a, en outre, 22 en Algérie et Tunisie et une vingtaine dans nos diverses Colonies.

— 5 —

Conférence comprenait près de cent membres (1).

*
* *

Le but poursuivi par la Conférence des Commissaires-priseurs des Départements ressort à l'évidence des considérations qui précèdent ; il est d'ailleurs formulé dans l'article 2 de ses statuts en ces termes :

Etablir entre tous les commissaires-priseurs un échange de communications, concernant exclusivement leur profession ;

Rechercher tout ce qui peut concourir à l'amélioration de leur condition et assurer la défense de leurs droits et intérêts généraux.

En commentant cet article 2, M. Moussard, le premier président de la Conférence, disait avec raison (2) :

« Notre association n'a pas été fondée, comme quelques personnes le pensent, pour susciter des procès, mais bien au contraire pour les éviter et les prévenir par des avis sagement et prudemment motivés. — Notre intention n'est pas davantage de proposer sans cesse au législateur des réformes dans les lois qui régissent nos fonctions, quelque imparfaites que certaines de ces lois puissent paraître, mais surtout de répondre, le cas échéant, aux attaques injustes et passionnées dont nous pouvons être parfois l'objet et d'éclairer, au besoin, l'opinion publique sur la nécessité de recourir à notre ministère, dans l'intérêt même des vendeurs et des acheteurs ».

(1) Procès-verbal de l'Assemblée générale constitutive (*Ibid.*, 84, pp. 219 et 265).

(2) Assemblée générale du 31 octobre 1886 (*Ibid.*, 86, p. 219).

Revenant sur cette même idée, dans l'assemblée générale de 1887, M. Moussard disait encore : « Notre but n'est pas plus de susciter des procès inutiles que de provoquer, sans une nécessité absolue, des réformes législatives. Certes, les lois qui régissent les commissaires-priseurs sont loin d'être parfaites ; mais il faut vivre avec elles et s'efforcer, dans nos rapports avec les autres officiers ministériels, d'apporter un esprit de conciliation de nature à apaiser les petites rivalités professionnelles. »

Enfin, dans une autre circonstance (1), M. Moussard ajoutait : « Notre Conférence est, en outre, une association confraternelle, qui a le grand mérite de réunir, à certains jours de l'année, des commissaires-priseurs isolés dans les divers arrondissements, inconnus les uns des autres, dont le groupement devient de plus en plus nécessaire, en même temps qu'il contribue à resserrer entre tous les membres d'une même profession les liens les plus étroits d'estime et d'amitié. »

Maintenir intacts les droits que la loi accorde aux commissaires-priseurs et assurer la défense de ces droits dans toutes les circonstances où ils sont contestés ou méconnus ; tel a été le rôle de la Conférence, et c'est dans cet esprit qu'elle a toujours été dirigée par les membres de son Conseil d'administration, aidés par les avis de son Conseil judiciaire et aussi (2) par

(1) Réunion du 9 mai 1886 (*Ibid.*, 86, p. 99).

(2) Voir plus loin (p. 17) la liste des présidents, secrétaires, trésoriers et membres du Conseil d'administration de la Conférence depuis sa fondation jusqu'à ce jour.

Son Conseil judiciaire composé de trois membres, comprenait au début : MM. G. ROULLIER, avocat à la cour de Cassation et

le concours éclairé de la Chambre des commissaires-priseurs de Paris, dont les membres, représentés à toutes les réunions de la Conférence, ont toujours considéré comme un devoir de soutenir leurs collègues des départements dans leurs justes revendications (1).

*
* *

Si nous recherchons maintenant les résultats obtenus par la Conférence, quelques chiffres les résumeront avec leur brutale éloquence :

1.820 consultations écrites ont été données, gratuitement, aux membres de la Conférence, qui se sont adressés à son Conseil judiciaire.

67 questions, soumises aux assemblées générales, ont fait l'objet de rapports très documentés et, après discussion, ont été solutionnées, de manière à servir de règles aux commissaires-priseurs dans l'exercice de leur profession (2).

au conseil d'Etat ; CHARLES CONSTANT, avocat à la cour de Paris et A. DROUET, avoué près la même cour.

Par suite du décès de M. Roullier (septembre 1891) et de M. Drouet (1900), il est actuellement composé de MM. GAULT, avocat à la cour de Cassation et au conseil d'Etat ; CHARLES CONSTANT, avocat à la cour de Paris et DE BÉNAZÉ, avoué près la même cour.

(1) Si les commissaires-priseurs de Paris ne font pas effectivement partie de la Conférence des commissaires-priseurs des départements, c'est uniquement parce qu'ils ont été constitués en une corporation spéciale, par la loi du 27 ventôse an IX, et que, dans ces circonstances, il a été reconnu qu'ils ne pouvaient faire partie d'une association libre.

(2) On trouvera plus loin (p. 19 et suiv.) toutes ces solutions, classées alphabétiquement avec la date des assemblées dans lesquelles elles ont été admises. — Les rapports qui les ont précédées se trouvent tous analysés, à leurs dates, dans le *Journal des Commissaires-priseurs*.

27 instances judiciaires, introduites devant les tribunaux de première instance, ou suivies le cas échéant devant les cours d'appel et la cour de Cassation, l'ont été avec le concours moral et pécuniaire de la Conférence (1).

Enfin, à plusieurs reprises, la Conférence, par l'intermédiaire de son président, est intervenue auprès des membres du Parlement et des ministres compétents pour réclamer, parfois non sans succès, des dispositions législatives utiles, ou l'ajournement de réformes dangereuses ou prématurées.

***

Il est impossible d'entrer ici dans le détail de toutes les questions soulevées et résolues, ou de toutes les instances judiciaires qui, depuis vingt-cinq ans, ont abouti à des solutions intéressantes pour la corporation des commissaires-priseurs : qu'il nous suffise d'en indiquer sommairement quelques unes :

a) *Dans l'ordre législatif* : Le décret du 15 mai 1904, qui a institué l'honorariat pour les commissaires-priseurs ; — La loi du 30 janvier 1907, qui les a assimilés aux autres officiers ministériels pour la prescription de deux ans des demandes de taxe et des actions en restitution de frais payés ; — L'article 2 des lois des 31 mars 1906 et 31 décembre 1903 sur les ventes aux enchères des objets abandonnés chez les hôteliers ou

(1) Dans les conditions prévues à l'article 11 des statuts (plus loin, p. 14).

chez les industriels, qui a laissé au juge de paix le choix de l'officier public chargé de procéder à ces ventes, alors que la proposition de loi imposait le ministère de son greffier ; — Le rejet des projets de loi tendant à la suppression des commissaires-priseurs comme appréciateurs près des monts-de-piété ; — Le rejet des propositions de loi, préconisées par les syndicats de marchands de meubles, relatives aux modifications à apporter à la loi de 1841 sur les ventes aux enchères des marchandises en détail, etc., etc.

Si l'on se reporte aux travaux de la Conférence sur toutes ces questions, il sera facile de constater qu'ils n'ont pas été sans influence sur les solutions données.

b) Dans l'ordre judiciaire : Les solutions obtenues, pour fixer la compétence des officiers publics concurrents, dans les ventes aux enchères et en bloc des fonds de commerce avec matériel et marchandises, qui en constituent souvent les principaux éléments ; ainsi que dans les ventes de marchandises neuves en détail, lorsqu'elles dépendent d'une faillite ; en gros, lorsqu'elles ont fait l'objet d'un gage commercial ou d'un protêt de warrant ; — Dans les ventes mobilières sur saisie : la rédaction du procès-verbal et la fixation du lieu de la vente ; — Le transport des objet à vendre d'un lieu dans un autre, dans le but exclusif de soustraire la vente au privilège du commissaire-priseur, etc., etc.

C'est avec le concours de la Conférence que la jurisprudence s'est fixée définitivement sur toutes ces questions.

En présence de ces faits, peut-on douter un seul

instant de l'utilité d'une association de cette nature ? Ne doit-on pas, au contraire, compter sur elle pour la défense des intérêts dont elle a assumé la charge ?

Son œuvre est loin d'être accomplie et ceux qui doivent à la confiance de leurs confrères l'honneur de diriger la Conférence n'oublient pas, notamment : les revendications des commissaires-priseurs en ce qui concerne les ventes aux enchères des chevaux réformés et des objets mobiliers appartenant à l'Etat ; — ils savent que la nouvelle loi du 17 mars 1909 sur les ventes et nantissements de fonds de commerce peut être l'objet de nouvelles attaques de la part des notaires, à l'encontre de la jurisprudence de la cour de Cassation en cette matière ; — ils n'ignorent pas les difficultés de toute nature que rencontrent aujourd'hui les officiers ministériels dans l'exercice de leurs fonctions, et les mesures législatives qui peuvent supprimer ou restreindre leurs attributions.

Il convient donc de se préparer, de plus en plus, à soutenir de nouvelles luttes et, pour en triompher resserrer les rangs, c'est-à-dire s'unir très nombreux dans un sentiment de bonne confraternité et de solidarité en une association qui, depuis vingt-cinq ans, a donné des preuves de son utilité, de sa prudence et aussi de son énergie, pour la défense des intérêts des Commissaires-priseurs de France.

STATUTS DE LA CONFÉRENCE

DES

COMMISSAIRES-PRISEURS DES DÉPARTEMENTS

Art. 1ᵉʳ. — La *Conférence des Commissaires-priseurs des Départements* a pour objet d'établir entre tous les commissaires-priseurs des départements un échange de communications concernant exclusivement leur profession.

Son but est de rechercher tout ce qui peut concourir à l'amélioration de leur condition et d'assurer la défense de leurs droits et intérêts généraux.

Le siège de la Conférence est à Paris, dans les bureaux du *Journal des Commissaires-priseurs* (1).

Art. 2. — La Conférence comprend des membres titulaires et des membres honoraires.

Les *membres titulaires*, qui ne comprennent que des commissaires-priseurs en exercice, paient une cotisation annuelle de vingt francs.

Les *membres honoraires*, dispensés de toute cotisation, ne peuvent être nommés, en raison des services qu'ils ont rendus à la Conférence, que sur la proposition du Conseil d'administration et par un vote unanime de l'Assemblée générale.

Art. 3. — La Conférence est dirigée par un *Conseil d'administration* composé de neuf membres, nommés à l'élection dans l'Assemblée générale annuelle (2).

---

(1) Actuellement 14, rue Soufflot, à Paris, chez M. A. Rousseau, libraire-éditeur.

(2) Dans son assemblée générale du 30 octobre 1887, la Con-

L'élection a lieu au scrutin de liste, à la majorité relative des votants.— Le vote peut avoir lieu par correspondance.

Toutefois, dans le cas où une vacance se produit dans l'intervalle de deux assemblées générales, les membres du bureau de la Conférence pourront, s'ils le jugent utile, désigner un membre de la Conférence pour remplir l'emploi vacant, sauf ratification de ce choix par la plus prochaine assemblée générale.

Art. 4. — Les membres du Conseil d'administration sont nommés pour trois ans ; ils se renouvellent par tiers tous les ans. — Les membres sortants peuvent être réélus.

Les membres honoraires peuvent faire partie du Conseil d'administration avec voix consultative, ou même avec voix délibérative en vertu d'un vote spécial de l'assemblée générale.

Tout membre du Conseil d'administration qui sera resté trois années consécutives sans prendre part aux assemblées générales de la Conférence ou aux réunions du Conseil d'administration pourra être considéré comme démissionnaire de droit.

Art. 5. — Les membres du Conseil d'administration désignent parmi eux, chaque année, un président, un secrétaire et un trésorier, qui composent le *Bureau de la Conférence.* — Ces trois membres sont toujours rééligibles.

Art. 6. — Le *Président* représente la Conférence, dans toutes les circonstances où il s'agit de ses intérêts.

Dans l'intervalle des assemblées générales ou des réunions du Conseil d'administration, le Président peut, en

férence avait décidé qu'un de ses membres serait délégué, dans le ressort de chaque cour d'appel, à l'effet de réunir ses collègues du ressort, faisant ou non partie de la Conférence, et d'être l'interprète de leurs vœux auprès de celle-ci. — Des délégués ont été nommés en 1901 ; mais leurs efforts n'ont pas été couronnés de succès et l'on a dû renoncer à en désigner d'autres. *Journ. Com.-pr.*, 87, 234 ; 91, 255 ; 292, 80 et 93, 270.

cas d'urgence et sous sa seule responsabilité, après avis conforme du Conseil judiciaire et du Trésorier, accorder l'appui pécuniaire de la Conférence, dans les limites tracées par l'article 11 ci-après.

ART. 7. — Le Conseil d'administration, qui se réunit sur la convocation du Président, a pour mission d'étudier et de résoudre toutes les questions générales susceptibles d'intéresser les commissaires-priseurs des départements, de centraliser l'échange de leurs communications, de statuer sur toutes les questions qui lui sont soumises par les membres de la Conférence, d'arrêter l'ordre du jour des assemblées générales, de tenir registre des décisions prises et de leur donner la suite nécessaire.

ART. 8. — La Conférence se réunit de droit une fois par an en Assemblée générale, ou extraordinairement, s'il y a lieu, sur la convocation du président du Conseil d'administration.

L'Assemblée générale annuelle a lieu le second dimanche de novembre (1).

Elle se tient à Paris, dans l'endroit indiqué par les lettres de convocation ; elle peut toutefois avoir lieu exceptionnellement dans une autre ville, ou à une autre date, au choix du Conseil d'administration.

ART. 9. — L'Assemblée générale ne peut discuter et voter que sur les questions portées à l'ordre du jour préalablement arrêté par le Conseil d'administration.

Il n'est porté à l'ordre du jour que les questions dont le Conseil d'administration a cru devoir prendre l'initiative, ou qui lui ont été transmises par écrit dix jours au moins avant la réunion de l'assemblée générale (2).

(1) Décision de l'Assemblée générale du 30 octobre 1904.
(2) Le compte-rendu des assemblées générales est publié dans le *Journal des Commissaires-priseurs*, dont le numéro spécial le contenant est adressé gratuitement aux membres de la Conférence, non abonnés à ce journal et qui le demandent (délibération du 12 novembre 1905).

Art. 10. — Les recettes de la Conférence se composent des dons qui peuvent lui être faits et de la cotisation individuelle de *vingt francs* (1) payée par les membres titulaires dans le mois de novembre de chaque année, sur mandat du Trésorier.

Les *dépenses* consistent dans : 1° les frais d'installation et d'entretien du siège social de la Conférence ; — 2° les frais de bureau, de correspondance, d'impressions, des réunions du conseil d'administration et des assemblées générales ; — 3° les frais de justice, dans les procès que le Conseil d'administration aura jugé à propos de soutenir.

Toutes les dépenses sont payées par le Trésorier, sur un visa donné par le Président de la Conférence, au bas de la pièce comptable.

Art. 11. — La Conférence ne contribue aux *frais des procès* intéressant ses membres qu'autant que ceux-ci en font partie depuis plus d'une année et ont acquitté régulièrement leurs cotisations.

Elle ne prend à sa charge qu'*une partie des frais de procédure taxés* et seulement en cas de perte du procès. Jamais les *honoraires des avocats* que les parties ont choisis elles-mêmes ne peuvent être l'objet d'un remboursement partiel ou total.

Elle ne contribue pour partie dans les frais taxés des procès engagés ou suivis par ses membres qu'autant que ces procès ont été engagés ou suivis avec son assentiment préalable, appuyé d'un avis motivé de son Conseil judiciaire.

(1) Dans son assemblée générale du 12 novembre 1905, la Conférence a décidé qu'il n'y avait pas lieu de réduire le taux de cette cotisation en faveur des commissaires-priseurs dont les offices sont de peu d'importance, puisque ceux-ci profitent comme les autres de tous les avantages que les statuts de la Conférence procurent à ses membres (spécialement l'article 11).

Elle s'interdit toute immixtion dans les poursuites disciplinaires dont ses membres peuvent être l'objet.

Art. 12. — Les présents statuts ne pourront être. modifiés qu'en assemblée générale, sur la proposition du
Conseil d'administration ou sur celle des deux tiers des
membres de la Conférence présents.

Ils pourront, toutefois, être complétés par un règlement
intérieur préparé par des membres du Conseil d'administration et soumis à l'approbation d'une Assemblée générale (1).

(1) Aucun règlement intérieur n'a été soumis à l'approbation
de la Conférence, le Conseil d'administration n'ayant pas jugé
utile d'en rédiger un et s'étant borné jusqu'ici à soumettre
directement à l'Assemblée générale de la Conférence les modifications partielles et complémentaires qu'il a cru devoir apporter aux statuts.

MEMBRES ACTUELS DE LA CONFÉRENCE

ABBEVILLE : Jonas. — AIX : Exel. — ALGER : Bombonnel. — AMIENS : Gontier et Tiefaine. — ANGERS : Petit et Damour. — ANGOULÊME : Ledoux. — AVESNES-SUR-HELP : Herbecq. — AVIGNON : Mercier. — BAYONNE : Plasteig-Cassou. — BEAUNE : Bonnet. — BEAUVAIS : Yver. — BELFORT : Michel. — BERNAY : Percepied. — BESANÇON : Salle. — BÉTHUNE : Henry, — BLOIS : Avrillon. — BOLBEC : Hommais. — BORDEAUX : Duval. — BOULOGNE-SUR-MER : Mamelin. — BOURGES : Pécriaux. — BREST : Radenac. — BRIEY : Piquet. — CAEN : Gombeaux et Lunois. — CALAIS : Wiart. — CHALONS/s/MARNE : Lheureux. — CHATEAU-THIERRY : Dubourg. — CHATEAUDUN : Legras. — CHATEAU-GONTIER : Dreux. — CHATELLERAULT : Dionet. — CHERBOURG : Lefèvre. — CLERMONT (Oise) : Malinet. — CLERMONT-FERRAND : Parcelier. — COMPIÈGNE : Restoux. — CORBEIL : Bidaud. — COUTANCES : Delaunay. — DIÉGO-SUAREZ : Paoli. — DIEPPE : Placquevent. — DIJON : Domain, Brenot et Mourot. — DOLE : Gandillot. — DREUX : Gaillard. — DUNKERQUE : Fournier et Balledent. — ELBEUF : Saunier. — EPERNAY : Roudeaux. — ETAMPES : Dupré. — EVREUX : Gastineau et Duguay. — FÉCAMP : Gaillandre. — FONTAINEBLEAU : Putois. — FONTENAY-LE-COMTE : Gaillard. — FOUGÈRES : Aubrée. — GRAY : Richard. — LA FLÈCHE : Godin. — LAIGLE : Ouin. — LAON : Hausseray. — LAVAL : Bunodière. — LE HAVRE : Guillemette, Plessis et Masselin. — LILLE : Baligand, Leclercq et Deperne. — LISIEUX : Hédouin. — LONS-LE-SAULNIER : Vagbeaux. — LOUVIERS : Lebigre. — LUNÉVILLE : Gérôme. — LYON : Gazagne, Berthier, Roullet, Thévenet, Bernoud et Gerbier. — MACON : Mayot. — MARSEILLE : Garcin, Chassen, Raynaud, Vincent, Guy et Massabiaux. — MASCARA : Jeannin. — MAUBEUGE Bréda. — MEAUX : Dubois. — MONTAUBAN : Legris. — MONTDIDIER : Rubigny. — MONTLUÇON : Pichard. — MONTPELLIER : Dehan. — NANCY : Mouraux et Greff. — NANTES : Perotaux. — NARBONNE : Suquet. — NEVERS : Bonnet. — NEUCHATEL-EN-BRAYE : Quatremarre. — NICE : Courchet et Roustan. — NIMES : Rossé. — NOUMÉA : Reverchon. — NOYON : Régnier. — ORAN : Ramier. — ORLÉANS : Farault. — PÉRONNE : Routier. — PITHIVIERS : Sicard. — POITIERS : Dumousseaud. — POINTE-A-PITRE : Beau. — PONT-AUDEMER : Dupré. — PONT-L'EVÊQUE : Legrain. — PROVINS : Louis. — QUIMPER : Moy. — REIMS : Desingly, Paris et Barré. — REMIREMONT : Vauthier. — RENNES : Berrué, Lemaître et Jean. — ROCHEFORT-s/MER : Fouché. — ROUBAIX : Verdonck. — ROUEN : Hurel, Godefroy, Ozanne, Orange, Alenspach et Martin. — ST-BRIEUX : Belin. — ST-DIÉ : de Préaumont. — SAINT-ETIENNE : Dorne et Thiollière. — SAINT-OMER : Billiet. — SAINT-SERVAN : Onfray. — SAINT-QUENTIN : Regnault. — SENS : Colombet. — SOISSONS : Ferrey. — TOULON : Lanflé. — TOURS : Galland. — TROYES : Férat, Grignard et Boutet. — TUNIS : de Salancourt. — VALOGNES : Lepelletier. — VANNES : Delcer. — VENDÔME : Girard. — VERSAILLES : Hottron et Guespin. — VERVINS : Grenier. — VESOUL : Pautrier. — VIENNE : Guyot. — VIRE : Marie.

CONFÉRENCE DES COMMISSAIRES-PRISEURS
DES DÉPARTEMENTS
(1884-1909)

PRÉSIDENTS — SECRÉTAIRES — TRÉSORIERS

Membres du Conseil d'Administration et Membres honoraires

PRÉSIDENTS DE LA CONFÉRENCE.

1884-1888. M. MOUSSARD, commissaire - priseur à Rouen. — Elu président honoraire de la Conférence le 17 octobre 1887 ; M. Moussard a cédé son office en juillet 1903, après trente années d'exercice ; il est décédé à Rouen en 1907.

1889-1896. M. J. Bouïs, commissaire-priseur à Marseille.— Nommé chevalier de la Légion d'honneur comme président de la Conférence en juillet 1894 ; élu président honoraire de la Conférence le 17 octobre 1897 ; M. Bouïs est actuellement juge de paix du 8ᵉ canton de Marseille.

1897-1900. M. FABRE, commissaire-priseur à Lyon. Démissionnaire de son office en raison de son état de santé et élu président honoraire de la Conférence en 1901 ; M. Fabre est décédé en 1905.

1901, M. GUILLEMETTE, commissaire - priseur au Havre (actuellement en exercice).

TRÉSORIERS : MM. Canthelou (Dieppe), Moussard (Rouen), Vaquette (Amiens), *Hurel* (1) (Rouen).

(1) Les noms en italiques indiquent ceux qui sont actuellement en exercice.

Secrétaires : MM. Larrouyet (Bordeaux), Payer (Reims), Vaquette (Amiens), Villerelle (Etampes), Vagbeaux (Lons-le-Saulnier), Mamelin (Boulogne-s/-Mer), *Petit* (Angers).

Membres du Conseil d'administration.

Moussard (Rouen), Larrouyer (Bordeaux),Canthe-lou (Dieppe), Larangot (Reims), Hunault (Nantes), Bédanne (Angers), Soulès (Dijon), Stevenin (Rethel), Deligne (Melun), Gazagne (Lyon), Wiart (Ca-lais), Bouïs (Marseille), Payer (Reims), Thirouin (Bourges), Thubé (Bayonne), Serpette (Lille), Fabre (Lyon), Debray (Le Havre), Plivard (Troyes), Duca-telle (Amiens), Duval (Bordeaux), *Vagbeaux* (Lons-le-Saulnier), Poulain (Nantes), *Vaquette* (Amiens), Wicart (Lille), Fèvre (Nantes), Mauchamp (Reims), *Guillemette* (Le Havre), Potier (Marseille), *Garcin* (Marseille), *Hurel* (Rouen), *Baligand* (Lille), Tabour-deau (Versailles), *Mamelin* (Boulogne-sur-Mer), Ber-noud (Lyon), *Petit* (Angers), *Wiart* (Calais).

Présidents honoraires.

MM. Moussard (Rouen), *J. Bouïs* (Marseille), Fabre (Lyon).

Membres honoraires de la Conférence.

MM. *Wiart* père (Calais), *Mauchamp* (Reims), *Po-tier* (Marseille), *Ducatel* (Amiens), *Baranger* (Senlis).

CONFÉRENCE DES COMMISSAIRES-PRISEURS DES DÉPARTEMENTS

Résolutions votées dans les Assemblées générales

1884-1909.

NOTA. — *Toutes les décisions, rapportées ci-après, ont été publiées dans le JOURNAL DES COMMISSAIRES-PRISEURS, à leurs dates, avec les rapports qui les ont justifiées.*

---

1. *Accidents du travail ; loi du 9 avril 1898 applicable aux commissaires-priseurs*. — Après avoir protesté contre l'application aux commissaires-priseurs de la loi du 9 avril 1898 sur les accidents du travail (Ass. gén., 28 oct. 1900), la Conférence a reconnu que cette loi leur était applicable, lorsqu'ils ont une salle de vente publique spéciale et des employés, payés directement par eux, pour la manutention des objets mobiliers vendus ou à vendre (1).

(1) En ce sens : Conseil d'Etat, 24 juillet 1903, *Journ Com.-pris.*, 04.22 et 06.110.

En conséquence, les commissaires-priseurs sont assujettis à la taxe de 4 centimes additionnels à la patente, établie par l'article 25 de cette loi, et la Conférence engage vivement ses membres à contracter une police d'assurances contre les accidents dont les employés à leur service pourraient être victimes dans leur travail (Ass. gén., 27 oct. 01).

2. *Association entre commissaires-priseurs d'une même résidence.* — S'inspirant d'une décision récente (1), la Conférence rappelle à ses membres que, si les commissaires-priseurs d'une même résidence peuvent s'associer dans le but d'offrir au public une salle de vente, ce qui diminue leurs frais généraux, cette association serait délictueuse si elle avait pour but un partage conventionnel de bénéfices, faisant échec à la bourse commune, ou au tarif de 1843 (Ass. gén., 17 oct. 01).

3. *Bateaux de navigation fluviale et de plaisance ; vente aux enchères.* — La vente des navires et autres *bâtiments de mer*, c'est-à-dire destinés à un commerce maritime, est seule réservée aux courtiers. Les commissaires-priseurs peuvent donc procéder à la vente volontaire aux enchères des bateaux de navigation fluviale et intérieure, des yachts ou bateaux de plaisance à voiles ou à vapeur, alors même qu'ils tiennent la mer (2), les canots et chaloupes de pêche, les remorqueurs attachés à un port, les dragueuses, les chalands (Ass. gén., 13 nov. 92 et 12 nov. 93).

(1) Trib. Troyes, 19 juin 1901, *Journ. Com.-pris.*, 01.167.
(2) Voir, toutefois, en sens contraire : Paris, 17 mars 1904, *Journ. Com.-pris.*, 04.87.

Spécialement en ce qui concerne les *yachts* ou bateaux de plaisance (Ass. gén., 10 nov. 95).

4. *Boissons, vins et liqueurs ; vente aux enchères et en détail.* — Le commissaire-priseur qui procède à ces ventes, agissant comme officier public, n'a pas à se pourvoir de la licence imposée au débitant par l'article 47 de la loi du 28 avril 1816 ; il n'a qu'à s'assurer que le négociant qui requiert la vente a pris la précaution de prendre cette licence en même temps qu'il s'assure que les vins ou liqueurs transportés à la salle des ventes sont accompagnés des titres de mouvement nécessaires (Ass. gén., 10 nov. 07).

5. *Brocanteurs.* — Voir : *Entraves à la liberté des enchères.*

6. *Cahier des charges ; formalités.*— La Conférence, rappelant à ses membres les arrèts de Cassation qui reconnaissent leur compétence pour procéder à des ventes publiques mobilières avec stipulation de terme ou autres clauses accessoires (1), les engage à énoncer les dites clauses et stipulations, non dans un cahier de charges séparé, mais dans l'intitulé de leurs procès-verbaux de vente (Ass. gén., 28 oct. 1900).

7. *Cessation de commerce. Vente aux enchères des marchandises.* — L'autorisation de vendre aux enchères et en détail des marchandises neuves ne saurait être refusée par un tribunal de commerce, dès qu'il a

(1) En ce sens : Arrèts de Cassation du 8 mars 1837, 6 août 1861, 19 avril 1864 et 27 mai 1878 reproduits intégralement dans le *Journal des Commissaires-priseurs*, 1900, p. 77 à 87.

constaté que la cessation de commerce est sincère et
exempte de toute fraude (1) (Ass. gén., 13 nov. 92
et 12 nov. 93).

8. *Chevaux réformés (Vente aux enchères de).* —
En dehors des chevaux de gendarmerie dont la vente
aux enchères est de la compétence des commissaires-
priseurs, la Conférence, regrettant que M. le ministre
des finances n'ait pas encore répondu à sa requête du
7 février 1903 touchant les ventes aux enchères des
objets mobiliers appartenant à l'Etat, décide d'adresser une requête spéciale à M. le ministre de la guerre,
pour lui demander de confier aux commissaires-priseurs, de préférence aux receveurs des domaines, les
ventes de chevaux réformés de cavalerie et d'artille-
rie (Ass. gén., 30 oct. 1904).

M. le ministre de la guerre, ayant consulté son col-
lègue des finances, celui-ci lui fit savoir « qu'il n'était
pas possible de donner satisfaction à la demande des
commissaires-priseurs » (2). Tout en regrettant cette
décision, la Conférence décide, puisqu'aucune objec-
tion n'a été précisée dans les réponses des ministres
de continuer l'étude de la question et d'en saisir à
nouveau les ministres compétents et, au besoin, le
Parlement (Ass. gén., 12 nov. 05 et 10 nov. 07).

— Voir : *Objets mobiliers appartenant à l'Etat.*

9. *Chevaux, spécialement de provenance américaine ;
vente aux enchères.* — Les commissaires-priseurs

(1) En ce sens un arrêt d'Orléans du 26 décembre 1895, *Journ.
Com.-pris.*, 96, p. 52 et 99, p. 33.
(2) Voir la correspondance échangée à ce sujet, *Journ. Com.-
pris.*, 05, p. 243 à 247.

peuvent, sans autorisation du tribunal de commerce, procéder à la vente aux enchères des chevaux étrangers provenant d'éleveurs ou de marchands, lorsque ces chevaux sont garantis par le vendeur s'attelant ou se montant. On ne saurait, en effet, considérer comme *marchandises neuves*, au sens de la loi du 25 juin 1841, des chevaux dressés, qui s'attellent ou se montent et qui, par suite, ont déjà servi. S'ils proviennent d'éleveurs, ils ne sont pas des *marchandises*, puisque l'éleveur qui vend les produits de son haras ne fait pas acte de commerce ; s'ils proviennent de marchands, ils ne sont pas des marchandises *neuves*, puisqu'ils ont été déjà mis en service (Ass. gén., 17 oct. 97).

10. *Comestibles et denrées alimentaires ; vente à la criée.* — Un commissaire-priseur peut prêter son concours à une vente de comestibles à la criée dans la ville où il exerce ses fonctions ; dans ce cas, il n'agit plus comme officier public dans les termes de la loi de son institution, mais comme un simple facteur aux halles, servant d'intermédiaire entre les vendeurs et le public (Ass. gén., 13 nov. 92).

Les commissaires-priseurs peuvent procéder aux ventes à la criée des denrées et comestibles lorsqu'elles leur sont confiées, notamment par des municipalités, sans toutefois prétendre au monopole desdites ventes qui sont entièrement libres, aux termes de l'article 2, § 2, de la loi du 25 juin 1841.

Aucun texte de loi, en effet, ne consacre l'incompatibilité des fonctions des commissaires-priseurs avec celles de facteur municipal, préposé à la vente à la criée des denrées et comestibles (1). D'autre part,

(1) Cela est si vrai que la Chancellerie sanctionne des ces-

en servant de simple intermédiaire entre le producteur et le consommateur pour certifier le cours de la marchandise et le prix auquel chaque objet a été adjugé, le commissaire-priseur ne fait pas acte de commerce (Ass. gén., 17 oct. 97).

Si les commissaires-priseurs peuvent procéder en détail à la vente aux enchères des denrées et comestibles, ils ne sauraient procéder sans autorisation à des ventes en détail et aux enchères de *vins* ou de *raisins*, à la requête d'un marchand de produits de cette nature. Ils ne pourraient le faire, sans autorisation du tribunal de commerce, que si la vente avait lieu à la requête d'un *propriétaire* réalisant lui-même les produits de ses récoltes (Ass. gén., 30 oct. 04).

11. *Comices agricoles ; vente aux enchères d'animaux reproducteurs.* — En présence d'une jurisprudence aujourd'hui certaine en cette matière (1), la Conférence croit devoir rappeler à ses membres que les comices agricoles peuvent procéder à la vente aux enchères d'animaux reproducteurs, sans recourir au concours d'un commissaire-priseur, pourvu que le droit d'enchérir soit rigoureusement limité aux seuls membres du comice, co-propriétaires des animaux ou objets mis en vente, au moment même de la vente (Ass. gén., 26 oct. 02).

12. *Compétence territoriale des commissaires-priseurs.* — Ce sont les limites territoriales et adminis-

sions d'offices dont le prix est établi d'après des états de produits sur lesquels figurent ceux résultant des ventes à la criée des denrées et comestibles.

(1) Cassation, 6 mars 1877, *Journ. Com.-pris.*, 77, 56 à 76.

tratives de la ville où a été nommé le commissaire-priseur, qui constituent nécessairement le chef-lieu de son établissement. Le législateur, en effet, a voulu établir des limites fixes et invariables à la compétence territoriale du commissaire-priseur. Dans aucun cas, son privilège exclusif ne pourra s'étendre au delà des limites de la ville chef-lieu de son établissement, par exemple à une commune immédiatement voisine de cette ville, alors même que quelques-unes des ruelles de cette commune paraîtraient, sur certains points, se confondre avec plusieurs rues de la ville, si les délimitations sont parfaitement établies par la circonscription de l'octroi et si les communes ont une administration, une police, un conseil municipal distincts (1).

Un membre de la Conférence ayant demandé s'il n'y avait pas lieu de solliciter du législateur l'extension du *privilège* des commissaires-priseurs *dans tout le canton* du chef lieu de leur résidence, il a été fait observer qu'il n'y avait pas lieu d'examiner cette question qui, déjà posée au législateur en 1817, avait été repoussée et qu'il ne convenait pas de la reproduire aujourd'hui, le législateur paraissant disposé plutôt à restreindre qu'à étendre les privilèges des officiers ministériels (Ass. gén., 22 oct. 99).

(1) En ce sens : Trib. Nantes, 13 février 1878, confirmé par arrêt de la cour de Rennes du 12 janvier 1879).

Un arrêt de la cour de Cassation du 4 novembre 1908 (*Idem*, 1908, 260) a d'ailleurs décidé que, pour fixer l'étendue du monopole des commissaires-priseurs au chef-lieu de l'établissement, il y avait lieu de prendre exclusivement en considération les limites administratives de la commune ou de la ville dans laquelle ils sont établis et non celles des cantons de justices de paix qui y ont leur siège.

13. *Compétence territoriale des commissaires-priseurs ; son étendue ; comment elle peut être portée à la connaissance du public.* — Bien qu'il soit d'usage de faire connaître au public l'étendue de la compétence territoriale du commissaire-priseur par cette simple mention : « X..., commissaire-priseur des ville et arrondissement de Z... », la Conférence estime qu'un commissaire-priseur peut, s'il le juge utile, ajouter, dans des imprimés ou affiches, une note conçue à peu près en ces termes : « Conformément à la loi de son institution, le commissaire-priseur de X...a compétence pour procéder à toutes les prisées et à toutes les ventes aux enchères de meubles ou autres objets mobiliers, non seulement au chef-lieu de sa résidence, mais encore dans toute l'étendue territoriale de l'arrondissement » (Ass. gén., 26 oct. 02).

14. *Coupe de bois acquise par un marchand de bois ; revente aux enchères par petits lots.* — La Conférence estime qu'une vente de cette nature est une vente publique volontaire de marchandises en gros et que l'autorisation du président du tribunal de commerce n'est nécessaire pour y procéder que s'il y a lieu d'abaisser la valeur des lots au-dessous du minimum fixé par le décret du 20 août 1888, soit 200 francs pour les bois à brûler (Ass. gén., 11 nov. 06).

15. *Denrées alimentaires.* — Voir : *Comestibles.*

16. *Enregistrement : Droits de mutation ; augmentation.* — La Conférence estime que tout projet de loi tendant à augmenter les droits d'enregistrement pour les ventes publiques mobilières serait nuisible aux vendeurs et ne procurerait pas au Trésor, par suite de la diminution du nombre des grandes ventes artistiques qui seraient transportées en pays étranger, les ressources qu'il en attend.

Il serait plus équitable de rechercher ces ressources nouvelles, si elles étaient absolument indispensa·bles, dans l'unification des droits de vente et aussi en édictant des mesures de nature à déjouer les fraudes dans les déclarations de succession en ce qui concerne la valeur du mobilier (1) (Ass. gén., 10 nov. 95, 10 oct. 98 et 28 oct. 1900).

17. *Enregistrement : Objets mis en vente et rachetés par le vendeur*. — Conformément à un jugement du tribunal civil de la Seine du 10 juin 1887, exécuté par l'administration de l'Enregistrement, le droit de mutation de 2 0/0 n'est pas dû sur les objets mis en vente rachetés par le vendeur. Il convient toutefois de mentionner ce rachat sur le procès-verbal de vente et d'en faire ressortir le montant dans une colonne spéciale, afin que l'Enregistrement ne perçoive pas le droit sur cette adjudication, qui ne contient pas en réalité de mutation de propriété (Ass. gén., 2 nov. 88).

En présence d'un arrêt récent (2), qui décide que les objets mobiliers dépendant d'une succession, rachetés en vente publique par un des colicitants, sont suscep-

(1) Lire à ce sujet le mémoire présenté au Parlement par la Chambre des commissaires-priseurs de Paris et la Conférence des commissaires-priseurs des Départements (*Journ. Com.-pris.*, 97, p. 289).

(2) Cassation, 16 juin 1902, *Journ. Com.-pris.*, 02, 185 à 203. — Consulter, sur cette question, deux études importantes qui aboutissent à des conclusions contraires (*Idem*, 1908, p. 113 à 129 et 1909, 89 à 98).

tibles du droit de mutation de 2 0/0, aussi bien que s'ils avaient été adjugés à des tiers, la Conférence estime que cet arrêt ne porte pas atteinte à la jurisprudence antérieure en ce qui concerne les objets rachetés par le vendeur qui les a mis en vente ; elle rappelle en conséquence aux commissaires-priseurs la nécessité de faire ressortir ces rachats dans une colonne à part de leurs procès-verbaux de vente (Ass. gén., 2 nov. 88) et les invite, en outre, à exprimer clairement, dans les clauses et conditions des ventes auxquelles ils procèdent, que « le vendeur entend se réserver le droit de retirer les objets mis en vente, même après enchères, si celles-ci ne lui donnent pas satisfaction » (Ass. gén., 26 oct. 02).

18. *Entraves à la liberté des enchères.* — La Conférence croit devoir rappeler à ses membres que le principe de la loi, en matière de ventes aux enchères publiques, est d'ouvrir à toute personne une libre concurrence, de manière à ce que les objets mis en vente obtiennent le prix le plus élevé auquel ils peuvent parvenir légitimement ; — que les articles 412 et 419 du Code pénal répriment toute réunion, association, coalition des marchands ou autres destinée à se rendre maîtresse des enchères, en éloignant les enchérisseurs isolés, soit au moyen d'une concurrence irrésistible, soit en leur suscitant des obstacles matériels dans l'examen des objets mis en vente, soit en s'engageant réciproquement à ne pas surenchérir les uns sur les autres, sauf à reviser entre eux, par de nouvelles enchères plus ou moins clandestines, les objets publiquement vendus.

Le devoir du commissaire-priseur est de déjouer, autant que possible, tous les faits de cette nature (1) qui peuvent se passer dans la salle de ventes, ou qui parviendraient directement à sa connaissance. (Ass. gén., 12 nov. 05).

19. *Estimation d'objets mobiliers pour la liquidation et le paiement des droits de mutation par décès.* — La loi de finances du 25 février 1901 prescrit (art. 11) que « la valeur de la propriété des biens meubles est déterminée, pour la liquidation et le paiement du droit de mutation par décès : 1° par l'estimation contenue dans les inventaires ou autres actes passés dans les deux années du décès ». — La Conférence rappelle que *l'estimation* dont s'agit, lorsqu'elle est contenue dans un inventaire, ne peut être faite que par un commissaire-priseur (Ass. gén., 30 oct. 04).

20. *Faillite ou liquidation judiciaire ; estimation des objets mobiliers et des marchandises.* — Aux termes mêmes de l'article 480, § 3, du code de commerce, il est certain que l'intervention d'un commissaire-priseur n'est pas obligatoire pour l'estimation des objets ou effets mobiliers dépendant d'une faillite ou d'une liquidation judiciaire, puisque les syndics sont « libres de se faire aider, pour la rédaction de l'inventaire comme pour l'estimation des objets, par qui ils jugeront convenable » On remarquera d'ailleurs que

(1) Ils peuvent même dresser procès-verbal des faits qui se passent devant eux et adresser celui-ci au parquet du procureur de la République (Voir à ce sujet une étude sur les brocanteurs et le revidage publié dans le *Journ. Com.-pris.*, 1905, p. 250 et suiv.).

l'inventaire est dressé par le syndic et non par un notaire. Il est évident que, dans un but d'économie, le législateur n'a imposé, en cette circonstance, le concours d'aucun officier ministériel (Ass. gén., 17 oct. 97).

Tout en reconnaissant que les estimations des objets mobiliers du failli seraient mieux faites, le plus souvent, par un commissaire-priseur que par tout autre, la Conférence ne peut que constater la liberté laissée aux syndics par l'article 480 du code de commerce dans le choix de la personne chargée par lui de faire cette estimation. Elle estime toutefois que la modification dudit article sur ce point pourrait être utilement réclamée à l'occasion d'un projet de loi ayant pour objet la réforme de la loi sur les faillites (Ass. gén., 28 oct. 1900).

21. *Fonds de commerce avec matériel et marchandises en faisant partie ; vente aux enchères et en bloc.* — La Conférence (Ass. gén., 17 oct. 97) rappelle à ses membres les principes suivants posés, en ces dernières années, par les cours et tribunaux :

a) Pour déterminer la question de savoir qui, du commissaire-priseur ou du notaire, est compétent pour procéder à la vente aux enchères et en bloc d'objets corporels et d'objets incorporels, il convient de faire à chaque espèce l'application du principe que *l'accessoire suit le sort du principal* (1).

b) En faisant l'application de cette règle, le juge n'a

(1) En ce sens, notamment : Cassation, 25 juin 1895, *Journ. Com.-pris.*, 1900, 9 à 52 ; Lyon, 23 mars 1893, 16 février 1894, et 10 novembre 1896, *Idem*, 95, 207 et 96, 291.

pas à se préoccuper du tarif plus ou moins élevé du commissaire-priseur par rapport à celui du notaire, pas plus que de l'ordonnance ou du jugement qui aurait, par erreur, commis l'un ou l'autre de ces officiers ministériels pour procéder à la vente : *l'appréciation des faits et circonstances de la cause doit seule guider son choix.*

Il n'y a qu'à suivre la règle posée dans les arrêts de Cassation des 23 mars 1836, 27 mai 1878 et 25 juin 1895 aux termes desquels il suffit de comparer la valeur des objets mobiliers par rapport à la valeur des droits incorporels (1). Il n'est pas nécessaire que la valeur des uns soit, par rapport aux autres, « de beaucoup la plus importante » ; il suffit qu'elle soit « notablement supérieure » (Ass. gén., 8 nov. 96).

Il est toutefois recommandé aux commissaires-priseurs de provoquer au besoin, dans un but de conciliation, une entente amiable avec le notaire de leur résidence, pour déterminer, dans chaque espèce, quelle peut être la valeur des objets mobiliers par rapport à celle des droits incorporels mis en vente (Ass. gén., 17 oct. 97).

c) Les commissaires-priseurs sont compétents pour procéder à des ventes à terme aussi bien qu'au comptant, pour stipuler toutes *conditions accessoires imposées à l'adjudicataire*, pour constater les déclarations des parties dans leurs procès-verbaux de vente et en délivrer des copies ou extraits auxquels foi est due comme à tous actes authentiques.

(1) Se reporter au texte de ces arrêts, publiés avec les rapports de MM. les conseillers Quéquet, Babinet et Petit, qui les ont précédés (*Journ. Com.-pr.*, 1900, 9 à 32).

d) Les parties n'ont pas le *choix de l'officier ven-deur*, lorsque ce choix porte atteinte aux attributions respectives de ces officiers entre eux.

e) Si les juges et tribunaux peuvent arbitrer quel est l'officier public compétent pour procéder à une vente publique mobilière, ils ne peuvent porter atteinte aux attributions respectives des divers officiers vendeurs entre eux. S'ils le font par erreur, leur décision ne couvre pas l'officier public commis et le devoir de celui-ci est d'en appeler lui-même au juge mieux informé, par exemple par voie de référé (1).

S'appuyant sur des décisions judiciaires récentes (2), la Conférence rappelle à ses membres que, pour s'attribuer les ventes aux enchères de fonds de commerce, dont les objets mobiliers ont une valeur plus grande que celle des droits incorporels, les notaires soutiendraient vainement qu'ils ne mettent pas en vente les marchandises, mais imposent seulement à l'adjudicataire, par une clause du cahier des charges, *l'obligation de prendre les marchandises à dire d'experts* (Ass. gén., 30 oct. 04).

Conformément à la jurisprudence des cours d'appel qui, statuant en fait, décident que la vente aux enchères d'un fonds de commerce *d'hôtel-restaurant* ou de *café-restaurant* est toujours de la compétence d'un notaire (3), la Conférence estime qu'il y a lieu d'ad-

(1) En ce sens, consulter notamment l'arrêt de Cassation du 23 novembre 1886, avec le rapport de M. le conseiller Talandier (*Idem.*, 86, 263 à 290).

(2) Notamment : Trib. Montluçon, 9 juin 1904, confirmé par arrêt de Riom du 12 juillet 1906, *Journ. Com.-pris.*, 04, 209, et 06. 200.

(3) En ce sens notamment : Amiens, 6 mai 1907, et Mont-

mettre, dans ces cas spéciaux, que « le mobilier proprement dit n'est en effet qu'un « instrument de l'exploitation du fonds », et que les commissaires-priseurs feront bien, à moins de circonstances exceptionnelles, de s'abstenir de revendiquer les ventes de fonds dont s'agit (Ass. gén., 8 nov. 08).

22. *Fonds de commerce donnés en nantissement ; vente aux enchères ; lois des 1er mars 1898 et 17 mars 1909.* — Après un examen attentif du texte de la loi du 1er mars 1898, sur le nantissement des fonds de commerce, et des débats parlementaires qui l'ont précédée, la Conférence estime que cette loi n'a en rien modifié la jurisprudence et que le principe posé par la cour de Cassation dans son arrêt du 25 juin 1895 doit continuer à recevoir son application (1). Elle invite en conséquence ses membres à lui signaler les cas où il serait fait échec à ce principe, s'engageant à les soutenir dans leurs légitimes revendications (Ass. gén., 17 oct. 01 et 26 oct. 02).

La Conférence, examinant le projet de loi sur la vente et le nantissement des fonds de commerce, a été d'avis que ce projet ne modifiait en rien la jurisprudence antérieure sur la question de savoir quel serait l'officier public compétent pour procéder aux diverses ventes aux enchères prévues par ledit projet (2) (Ass. gén., 10 nov. 07).

pellier, 5 mars 1908 ; *Journ. Com.-pris.*, 07, 132 et 08, 175, à rapprocher d'un arrêt de Cassation du 13 mars 1888.

(1) En ce sens notamment : Poitiers, 19 janv. 1903 et Alger, 25 janv. 1905 et 7 mars 1906, *Journ. Com.-pris* , 03,58 ; 05,81 et 06,129 ;— Rouen, 28 déc. 1904 et Riom, 12 juillet 1906, *Idem*, 05,34 et 06, 200.

(2) Ce projet est devenu la loi du 17 mars 1909. — Voir, dans

23. *Frais mis à la charge des adjudicataires ; cinq ou dix pour cent en sus du montant de l'adjudication.* — Malgré deux décisions récentes (1), la Conférence estime que les commissaires-priseurs n'enfreignent aucune loi, spécialement celle du 18 juin 1843, en stipulant à la charge des adjudicataires, aussi bien dans les ventes judiciaires que dans les ventes volontaires, 10 0/0 en sus du prix d'adjudication, puisque ces dix pour cent ne sont pas perçus par les commissaires-priseurs à titre d'honoraires, mais uniquement comme mandataires des vendeurs qui en ont stipulé le paiement à leur profit (2) (Ass. gén., 30 oct. 04).

24. *Honoraires des commissaires-priseurs ; émolument de 6 0/0 sur le produit des ventes ; mode de calcul.* — L'émolument de 6 0/0 sur le produit de la vente est toujours dû au commissaire-priseur lorsque la mise à prix a été couverte par une ou plusieurs enchères ; peu importe que l'adjudication ait été prononcée au profit d'un tiers ou du vendeur.

C'est seulement dans le cas où l'objet a été retiré par le vendeur, avant la vente ou faute d'enchères, que le commissaire-priseur ne peut réclamer l'émolument que lui attribue le tarif de 1843. — Il n'a alors droit qu'à un honoraire de mandat dont l'importance varie suivant l'importance des objets mis en vente et des services rendus dans la préparation de la vente qui,

le sens de l'avis ci-dessus, une étude publiée dans le *Journ. Com.-pris.*, 09, p. 113 et 139.

(1) Trib. Seine, 10 mars 1904, *Journ. Com.-pris.*, 04, 01.

(2) En ce sens : arrêts de la cour de Paris du 15 février 1905, *Journ. Com.-pris.*, 05, 105 et 114.

faute d'enchérisseur ou par le fait du vendeur, n'a pas abouti (Ass. gén., 2 nov. 90).

L'émolument de 6 0/0 que le tarif de 1843 alloue aux commissaires sur le produit des ventes auxquelles ils procèdent, doit se calculer sur le produit brut et total des ventes, c'est-à-dire sur le montant de l'adjudication, augmenté de cinq ou dix pour cent mis, en outre, pour les frais à la charge des adjudicataires (1) (Ass. gén., 25 oct. 03 et 30 oct. 04).

— Voir : *Monts-de-piété, Tarif, Taxe, Vacations.*

25. *Honoraires : Règlement en cas de concours d'un commissaire priseur avec un autre officier public préposé à la prisée ou à la vente publique des objets mobiliers.* — Le partage des honoraires se fait généralement par moitié et la minute est conservée par le plus ancien des deux officiers publics, à moins qu'il y ait intérêt pour les parties à ce qu'elle soit conservée par celui qui est déjà dépositaire de pièces concernant lesdites parties : par exemple, le notaire, de préférence au commissaire-priseur, lorsqu'il s'agit du procès-verbal de vente aux enchères d'objets mobiliers dépendant d'une hoirie (Ass. gén., 8 nov. 96).

26. *Honoraires dus aux commissaires-priseurs en dehors du tarif de 1843.* — Le tarif de 1843, qui ne prévoit que les prisées dans l'inventaire, ne s'occupe pas des *estimations amiables* de meubles et effets

(1) Voir, toutefois, en sens contraire un arrêt de la Cour de Paris du 6 février 1905 (*Journ. Com.-pris.*, 05,03).— Le pourvoi formé contre cet arrêt a été admis le 1er mai 1907, par la chambre des requêtes, et demeure toujours pendant devant la chambre civile de la cour de Cassation.

mobiliers auxquels le commissaire-priseur peut être appelé à procéder. Dans ce cas, à défaut d'entente préalable avec les parties, un tant pour cent à déterminer, selon l'importance de l'opération, peut être à bon droit réclamé sur le montant des estimations (Ass. gén., 13 nov. 92).

Le tarif n'ayant pas prévu certains actes que les commissaires-priseurs sont, en fait, compétents pour accomplir : par exemple, des partages mobiliers, des expertises d'objets mobiliers, des états estimatifs, etc., il est d'usage, dans tous ces cas, que le commissaire-priseur perçoive un honoraire fixe, ou proportionnel au montant des estimations (de 1 à 3 0/0), honoraire qu'il convient de stipuler à l'avance, de préférence par écrit, avec les requérants, afin d'éviter toute discussion postérieure (Ass. gén., 22 oct. 99).

— Voir : *Tarif de 1843 ; modifications dont il pourrait être susceptible.*

27. *Honoraires des huissiers, lorsqu'ils procèdent à une vente aux enchères de marchandises ou d'objets mobiliers après faillite ou après décès.* — Dans ces deux cas, les ventes dont s'agit étant *judiciaires*, les huissiers n'ont droit qu'à des vacations conformément à l'article 39 du tarif du 16 février 1807 et ne sauraient réclamer le droit proportionnel de 6 0/0 sur le prix de vente, que le tarif du 18 juin 1843 n'alloue qu'aux seuls commissaires-priseurs (Ass. gén., 17 oct. 97).

Lorsqu'il s'agit de ventes *volontaires*, on tolère généralement l'application de la loi du 18 juin 1843 aux autres officiers ministériels que les commissaires-priseurs ; mais, lorsqu'il s'agit de ventes *judiciaires*, le tarif de 1807 reste en vigueur (1) (Ass. gén., 17 oct. 97).

28. *Honorariat.* — La Conférence émet le vœu que l'honorariat puisse être accordé aux commissaires-priseurs qui, pendant vingt années consécutives, ont rempli leurs fonctions avec honneur et probité (2) (Ass. gén., 4 nov. 94).

29. *Heures pendant lesquelles il peut être valablement procédé aux ventes publiques mobilières.* — Les prescriptions de l'article 1037 du code de procédure civile, qui interdisent toute signification ou *exécution*, depuis le 1er octobre jusqu'au 31 mars, avant six heures du matin et après six heures du soir, et depuis le 1er avril jusqu'au 30 septembre, avant quatre heures du matin et après neuf heures du soir, ne s'appliquent qu'aux ventes publiques mobilières sur saisie.

Le motif qui a déterminé la prohibition de procéder à des *exécutions* après les heures légales étant fondé sur le respect du domicile du citoyen, il en résulte que si la vente est commencée, au domicile de la partie saisie, avant que le temps légal de la journée soit expiré, cette vente peut être continuée si le saisi ou le créancier poursuivant ne s'y oppose pas et si cette prolongation n'est pas de nature à nuire

(1) En ce sens : Cassation, 30 mai 1854 (vente d'objets dépendant d'une succession bénéficiaire) et Cassation, 25 juillet 1871 (vente après faillite) ; Circulaire ministérielle du 4 janvier 1856.

(2) Un décret du 15 mai 1904 a donné satisfaction à ce vœu. La Chancellerie exige que les vingt années consécutives soient rigoureusement révolues.

à la vente. A plus forte raison si la vente a lieu dans une salle publique de ventes.

Toute vente volontaire de meubles, qui ne constitue pas une *exécution,* peut avoir lieu en dehors des heures prescrites par l'article 1037 du code de procédure, alors surtout que ces ventes n'ont pas lieu au domicile d'un citoyen, mais dans une salle de ventes publiques, sauf à l'officier vendeur à se conformer aux arrêtés municipaux pour l'ouverture ou la fermeture des lieux publics (Ass. gén., 28 oct. 1900).

30. *Greffiers des tribunaux de commerce.* — Les greffiers des tribunaux de commerce ne peuvent jamais procéder à des ventes publiques de meubles ou d'objets mobiliers (Ass. gén., 2 nov. 90, 12 nov. 93 et 4 nov. 94).

Alors même qu'il s'agit de ventes aux enchères de marchandises dépendant d'une faillite (Ass. gén., 10 nov. 95).

31. *Immeubles par destination : définition ou, si possible, énumération.* — On appelle *immeubles par destination des objets mobiliers* par leur nature, mais considérés comme immobiliers, à titre d'*accessoires d'un immeuble* auquel ils se rattachent.

Mais, pour que des objets mobiliers puissent être considérés comme des immeubles en tant qu'accessoires obligés d'un fonds immobilier, *il faut que l'immeuble et le meuble appartiennent tous les deux à la même personne.* La question d'immobilisation ne peut se poser pour des objets mobiliers appartenant à une personne non propriétaire du fonds (locataire, fermier, usufruitier) ; la question n'existe que si l'objet mobilier est dans le même patrimoine que la propriété du fonds.

Une seconde condition est nécessaire pour qu'un objet mobilier puisse être considéré comme un immeuble par destination : il faut qu'un *rapport de destination* soit établi entre l'objet mobilier et l'immeuble.

Ce rapport de destination peut être établi de deux façons différentes : *a*) par la seule affectation du meuble au service du fonds (sans aucune attache matérielle) ; — *b*) au moyen d'une attache matérielle fixant le meuble à perpétuelle demeure.

a) L'affectation du meuble au service de l'immeuble revêt des formes extrêmement variables ; aussi le Code ne donne aucune énumération et ne cite que des exemples. Ce qu'il faut retenir c'est la formule très large de l'article 524 du code civil qui parle des objets que le propriétaire a placés sur le fonds *pour le service et l'exploitation de ce fonds*.

Remarquons que la chose mobilière, pour être immobilisée doit être employée au *service du fonds*, et non au service de la personne. D'autre part, le mot *exploitation* de l'article 524 comprend non seulement l'exploitation agricole ou industrielle, mais aussi l'exploitation commerciale. Cet article donne aussi une énumération, d'ailleurs non limitative, des objets employés à l'agriculture qui doivent être considérés comme immeubles par destination.

En ce qui concerne les ustensiles nécessaires à une *exploitation industrielle*, pour qu'il y ait immobilisation par destination, il est nécessaire qu'il y ait *appropriation du bâtiment* spécialement construit et aménagé pour loger les machines et appareils qu'il renferme. De même, en matière d'exploitation commerciale, il faut une relation nécessaire entre le bâtiment et le matériel qu'il renferme ; si les bâtiments ont été disposés tout exprès pour l'exploitation d'un commerce déterminé, on peut admettre l'immobilisation par destination du matériel qui les garnit, alors que ce matériel appartient au propriétaire de l'immeuble (1).

b) Sont aussi immeubles par destination tous *effets mobiliers* que le propriétaire (de l'immeuble) a *attachés au fonds à perpétuelle demeure*, c'est-à dire qui sont scellés en plâtre, ou à chaux, ou à ciment, ou lorsqu'ils ne peuvent être détachés sans être fracturés ou détériorés, ou sans briser ou détériorer la partie du fonds à laquelle ils sont attachés (art. 524 et 525, C. civ.).

Remarquons que la question de l'attache matérielle n'a pas grande importance, en matière d'immeubles par destination, puisque l'immobilisation des objets mobiliers est possible sans cette attache et qu'elle-même ne réussit pas toujours à immobiliser un objet. Le véritable caractère des immeubles par destination c'est d'avoir été placés par le propriétaire du fonds pour le service et l'exploitation de celui-ci et d'avoir une destination spéciale et une affectation nécessaire à ce fonds (2) (Ass. gén., 28 oct. 1900).

32. *Impôts dus par le vendeur ; paiement par le commissaire-priseur.* — Les commissaires-priseurs

---

(1) Par exemple, les hôtels et maisons meublés, les casinos de villes d'eaux ou de bains de mer, les établissements de bains, les théâtres, le chais pour le commerce de vins, etc.

(2) On trouvera dans le *Journal des Commissaires-priseurs*, 1900, p. 241, une série de décisions judiciaires, mentionnées à titre d'exemple, à l'appui des principes ci-dessus énoncés.

— comme tous dépositaires ou débiteurs de deniers provenant du chef des redevables et affectés au privilège du Trésor public (loi du 22 novembre 1808, art. 2) — ne peuvent se dessaisir des deniers provenant des ventes publiques mobilières auxquelles ils ont procédé, sans s'être préalablement assuré du paiement des contributions dont le propriétaire des objets vendus pourrait être redevable (Cass. civ., 21 mai 1883). En conséquence, *avant même toute demande* de la part du percepteur à ce sujet, les commissaires-priseurs sont tenus, pour mettre leur responsabilité complètement à couvert, de se transporter chez le percepteur pour retirer un certificat constatant qu'il n'est rien dû, ou verser entre ses mains, en l'acquit du redevable, le montant ou le solde de ses contributions personnelles mobilières. C'est d'ailleurs en vue de ce transport que le tarif du 18 juin 1843 a alloué au commissaire-priseur une vacation spéciale (Ass. gén., 28 oct. 1900).

Le privilège du Trésor ne s'exerçant qu'après celui des frais de justice (art. 2001, C. civ.), le commissaire-priseur est autorisé, avant d'acquitter les contributions, à prélever sur les sommes qu'il détient ses frais de vente, y compris ceux de saisie dus à l'huissier, s'il y a lieu.

Dans le cas où le commissaire-priseur aurait reçu une opposition au paiement du prix de vente à laquelle il a procédé, son devoir est, après le prélèvement des frais de poursuites et de vente, de déposer le solde entre ses mains à la Caisse des dépôts et consignations, sans avoir à se préoccuper du paiement des contributions, ou à se faire juge de la valeur de l'opposition (Cass. civ., 25 janvier 97).

Ces règles sont applicables non seulement en matière de ventes judiciaires, mais encore de ventes volontaires, lorsque celles-ci comprennent la vente totale du mobilier du redevable ou sa plus grande partie (Ass. gén., 28 oct. 1900).

La vacation allouée au commissaire-priseur pour le paiement des impôts qui peuvent être dus par le propriétaire des objets mis en vente lui est due alors même qu'il n'a fait que retirer un certificat négatif du percepteur (Ass. gén., 13 nov. 92).

33. *Incompatibilités.* — Un commissaire-priseur ne doit pas accepter les fonctions de *syndic* ou de *liquidateur judiciaire* ; encore moins procéder lui-même à la vente aux enchères des marchandises ou effets mobiliers du failli ou du liquidateur, lorsqu'il a eu le tort d'accepter lesdites fonctions (Ass. gén., 2 nov. 90).

Un commissaire-priseur ne peut pas exercer les fonctions de *courtier* libre ou de courtier inscrit, qui sont incompatibles avec celles que les lois et décrets de son institution ont précisées (Ass. gén., 2 nov. 90).

Dans le silence de la loi, rien n'empêche un commissaire-priseur de procéder à une vente publique mobilière à la requête d'un parent ou d'un allié, alors surtout qu'il s'agit d'une vente volontaire.

Procéder à une vente publique d'objets mobiliers pour un parent ou un allié n'apparaît pas d'ailleurs comme pouvant équivaloir à « recevoir un acte » ou « instrumenter » pour ce parent ou cet allié (Ass. gén., 22 oct. 99).

34. *Juges de paix (la nouvelle loi sur l'organisation des) et les commissaires-priseurs.* — La Conférence,

visant l'article 18 de la loi du 12 juillet 1905 détermi-
nant les personnes qui peuvent être nommées juges de
paix, émet le vœu que le législateur comprenne les
commissaires-priseurs au nombre des officiers ministériels, visés dans cet article de loi et qui peuvent, après
cinq années d'exercice, être reconnus aptes, à défaut
du diplôme de licencié en droit, à remplir les fonctions
de juge de paix (Ass. gén., 11 nov. 06).

35. *Marchandises avariées par suite d'événements
de mer.* — Si, aux termes des articles 51 et 52 de la
loi du 21 avril 1818, les marchandises avariées par
suite d'événements de mer sont vendues aux enchères par le ministère de « courtiers de commerce ou
d'autres officiers publics » ; la Conférence estime que
ces ventes ne sont de la compétence des courtiers que
si elles sont faites par lots au-dessus de 100 francs,
c'est-à-dire en gros ; et qu'elles sont au contraire de
la compétence des commissaires-priseurs lorsqu'elles
ont lieu par lots au-dessous de cette valeur, c'est-à-dire
en détail (Ass. gén., 17 oct. 01).

36. *Marchandises saisies ; vente aux enchères.* —
Les courtiers de commerce ne peuvent revendiquer
ces ventes qui constituent des *ventes forcées*, auxquelles il ne peut être procédé que dans les termes
des articles 617 et suivants du code de procédure
civile et par le ministère des commissaires-priseurs
ou des huissiers (Ass. gén., 8 nov. 96).

37. *Marchandises dépendant d'un fonds de commerce donné en nantissement ; vente aux enchères : formalités spéciales.* — Les commissaires-priseurs char-

gés de procéder à la vente aux enchères et en bloc du matériel et des marchandises dépendant d'un fonds de commerce, ensemble ledit fonds considéré comme l'accessoire des objets mobiliers mis en vente, devront, avant de se dessaisir du prix de vente, retirer du greffe du tribunal de commerce, soit un certificat négatif constatant que le fonds vendu n'a pas été constitué en gage, soit une copie de l'inscription de la constitution de gage. L'officier vendeur, en cas de constitution de gage du fonds de commerce, fera sagement de déposer le prix à la Caisse des dépôts et consignations, en appelant le créancier gagiste à assister à ce dépôt, pour que celui-ci puisse ultérieurement faire valoir son privilège au regard des autres créanciers du vendeur (1) (Ass. gén., 10 oct. 98).

38. *Marchandises laissées pour compte aux compagnies de chemins de fer ; vente aux enchères.* — Ces ventes peuvent être faites par les courtiers dans les termes de l'article 106 du code de commerce et de la loi du 3 juillet 1861, à moins que le juge qui les ordonne ait désigné pour y procéder, ce qu'il peut faire (art. 2, § 2, de la loi de 1861), un commissaire-priseur ; étant bien entendu d'ailleurs que, si un courtier est commis, la vente ne peut avoir lieu en détail, pièce à pièce, mais seulement en gros et par lots dont la composition, l'importance ou la valeur doit être préalablement fixée par le juge (Ass. gén., 8 nov. 96).

(1) Cette décision de la Conférence, prise à la suite de la promulgation de la loi du 1er mars 1898, se trouve confirmée par la disposition de la loi du 17 mars 1909, sur le nantissement et la vente de fonds de commerce. — Consulter au surplus le texte de cette loi (*Journ. Com. pr.*, 1909, p. 139 et suiv.).

Les chefs de gare ne peuvent jamais procéder *eux-mêmes* à la vente aux enchères des colis refusés par le destinataire ou laissés en souffrance ; mais, lorsque la compagnie de chemins de fer n'a pas usé de la faculté que lui accorde l'article 106 du code de commerce de provoquer la vente des colis refusés jusqu'à concurrence du prix du transport et a conservé ces colis en sa possession, il y a lieu de se conformer aux prescriptions du décret du 13 août 1810, aux termes duquel les colis non réclamés dans les six mois de l'arrivée à leur destination, sont vendus par voie d'enchères publiques à la diligence de la régie de l'enregistrement. C'est dire que la vente a lieu par les soins du receveur des domaines (Ass. gén., 22 oct. 99).

39. *Marchandises neuves ; loi du 25 juin 1841 ; modifications proposées.* — Il y a lieu de maintenir purement et simplement la loi du 25 juin 1841 dans les termes où elle existe actuellement. Mais, si le législateur voulait apporter des réformes utiles dans l'organisation des ventes publiques en détail des marchandises neuves, ce serait en s'inspirant de l'avis émis, en 1888, par la Chambre de commerce de Toulouse, dont voici les conclusions : « Les articles 1 et 2 de la loi du 25 juin 1841 devraient être supprimés et l'article 3 modifié. La vente aux enchères des marchandises neuves doit être libre mais, seulement pour les marchands domiciliés au lieu de leur domicile depuis au moins une année et pour les marchandises de leur commerce. Aucune vente aux enchères de marchandises neuves ne doit se faire sans le concours d'un officier public. Celui-ci sera obligé d'exposer les marchandises avant

la vente, pendant quarante-huit heures, de telle manière que le public puisse effectivement les vérifier dans les conditions voulues par chacune d'elles. Il répondra de la conservation de la chose déposée sauf le cas de force majeure et sera obligé de ne se dessaisir du prix de la chose vendue que quinze jours après le moment de la vente (Ass. gén., 10 oct. 98).

40. *Marchandises neuves ; vente aux enchères et en détail ; étendue de la prohibition de la loi de 1841.* — La Conférence, prenant acte de plusieurs décisions judiciaires récentes, croit devoir rappeler aux commissaires-priseurs qu'ils peuvent procéder à la vente aux enchères et en détail d'objets mobiliers, à la requête des marchands de Paris ou d'ailleurs, à la condition expresse que tous ces objets sont bien d'occasion, c'est-à-dire ayant déjà subi un usage dont il est facile de constater les traces non équivoques. On ne saurait assimiler à des meubles neufs des « meubles réparés » ; mais peut être considéré comme neuf un meuble (par ex. un matelas) confectionné avec de vieilles matières transformées (1) (Ass. gén., 17 oct. 06).

41. *Marchandises provenant de magasins généraux ; vente aux enchères ; procédure à suivre.* — Il convient de distinguer selon que la vente publique de ces marchandises doit avoir lieu en gros ou en détail :

a) Si la vente a lieu *en gros*, le commissaire-priseur, qui n'agit alors qu'à défaut de courtier inscrit

(1) Notamment : Bourges, 16 déc. 1896, *Journ. Com.-pris.*, 97, 35 et 01, 113 à 144.

dans le ressort du tribunal de commerce, doit observer les formes et conditions prescrites par la loi du
28 mai 1858 et les articles 10 et suivants du décret
réglementaire du 12 mars 1859 tels qu'ils ont été
modifiés par le décret du 30 mai 1863, et ses émoluments sont ceux auxquels aurait droit un courtier ;

b) Si la vente a lieu *en détail*, le commissaire-priseur, seul compétent d'ailleurs pour y procéder (1),
doit observer les prescriptions des articles 617 et suivants du code de procédure civile « puisque cette
vente présente tous les caractères d'une vente for-
cée » (2). Le commissaire-priseur perçoit alors les
émoluments fixés par le tarif de 1843 (Ass. gén.,
22 oct. 99).

42. *Meubles d'occasion de provenance étrangère à
l'arrondissement dans lequel le commissaire-priseur
exerce ses fonctions.*— En se basant sur plusieurs décisions judiciaire,la Conférence estime qu'un commissaire-priseur ne sort pas de ses attributions en procé-
dant à la vente aux enchères de meubles d'occasion
qui lui auraient été expédiés par un marchand de Paris ou d'ailleurs ; mais il croit devoir rappeler à ses
membres qu'il faut nécessairement que la vente ait
lieu pour le compte du marchand, aux enchères publiques, et que les objets mis en vente soient bien
réellement d'occasion, c'est-à-dire ayant déjà servi à
un particulier consommateur et non entièrement re-
mis à neuf (Ass. gén., 30 oct. 04).

(1) Arrêt de la cour de Cassation du 5 janvier 1898, rejetant
un pourvoi formé contre un arrêt de Paris du 9 mai 1894 (*Journ.
des Comm.-pris.*, 94, 142 et 98, 14).
(2) Arrêt de Cassation du 5 janvier 1898 précité.

43. *Mobilier industriel du failli ou du liquidé judiciaire ; vente aux enchères ; commissaire-priseur compétent.* — Si le juge-commissaire d'une faillite ou d'une liquidation judiciaire peut désigner (art. 486, C. comm.) un courtier, de préférence à un commissaire-priseur même au chef-lieu de la résidence de celui-ci, pour procéder à la vente aux enchères et en détail des *marchandises* dépendant de la faillite ou de la liquidation, il ne saurait confier au courtier la vente du *mobilier industriel* ou du mobilier personnel du failli ou du liquidé, sans méconnaître les attributions générales et privilégiées des commissaires-priseurs pour la vente publique de tous les objets ou effets mobiliers. La loi du 25 juin 1841 a d'ailleurs formellement restreint le droit des courtiers à la vente des *marchandises* du failli et réservé expressément aux commissaires-priseurs la vente du *mobilier*, sans distinguer entre le mobilier personnel ou le mobilier industriel (1) (Ass. gén., 8 nov. 96 et 17 oct. 97).

44. *Mont-de-piété ; émoluments des commissaires-priseurs.* — Les émoluments alloués aux commissaires-priseurs par les administrations des Monts-de-piété ne sont pas fixés par le tarif de 1843, mais bien par le décret du 8 thermidor an XIII, contenant règlement général sur l'organisation et les opérations du Mont-de-piété de Paris, qui est applicable à tous les Monts-de-piété de France (art. 5 de l'ordonnance du 26 juin 1816).

Or, d'après les articles 52 et 80 du décret de ther-

(1) En ce sens : Trib. d'Amiens, 24 déc. 1897, *Journ. Com.-pris.*, 98, 28.

midor, il est alloué aux commissaires-priseurs :
1° pour vacations de prisée, « un droit déterminé par
la quotité sur le montant en principal du prêt fait en
conséquence de leur estimation » ; — 2° pour vacations et frais de vente, « un droit réglé par quotité
sur le montant du produit des ventes ».

Aux termes des articles 53 et 81 du même décret,
ces deux droits sont « fixés par le conseil d'administration du Mont-de-piété (1), au commencement de
chaque année et pour toute l'année ».

La quotité de l'émolument allouée, tant pour les
prisées que pour les ventes, est donc débattue entre
les deux intéressés savoir : le Mont-de-piété d'une part
et les commissaires-priseurs de l'autre. Chaque année,
le taux peut être modifié et cela sans recours possible,
si ce n'est officieusement, devant le préfet qui doit
confirmer, pour qu'elle soit exécutable, la délibération
prise à ce sujet par le Mont-de-piété.

Faute d'entente entre le Mont-de-piété et les commissaires-priseurs, au sujet de leurs émoluments, ces
officiers ministériels ne peuvent que renoncer au privilège qu'ils tiennent de l'article 5 de l'ordonnance du
26 juin 1816, c'est-à-dire à « toutes les opérations de
prisée et de vente », qui se font dans les Monts-de-
piété.

Ils peuvent même n'accepter que les ventes et renoncer aux prisées (2), ou réciproquement, s'ils n'ont
pu se mettre d'accord avec l'administration que sur

(1) Plus exactement, sur la proposition du directeur du Mont-
de-piété, appuyée de l'avis du conseil de surveillance.
(2) Sur cette question, consulter une étude très complète publiée dans le *Journ. Com.-pris.*, 1909, 169 à 202. — *Contrà*,
Trib. Versailles, 18 fév. 1909, *Journ. Com.-pris.*, 09,105.

les émoluments attachés à l'une ou l'autre de ces deux opérations. Mais, il va sans dire que, si les commissaires-priseurs ne font plus que les ventes et délaissent les prisées, ils ne sauraien être, comme le prescrit l'article 34 du décret de thermidor an XIII, « garants envers l'administration des suites de leurs estimations » (Ass. gén., 22 oct. 99).

45. *Objets mobiliers appartenant à des mineurs ou dépendant d'une succession bénéficiaire ; réalisation amiable ; violation des articles 452 et 805 du code civil.* — Aux termes de l'article 452 du code civil, dans le mois qui suivra la clôture de l'inventaire, le tuteur doit faire vendre, en présence du subrogé tuteur, *aux enchères* reçues par un officier public, tous les meubles, appartenant au mineur, autres que ceux que le conseil de famille l'aurait autorisé à conserver en nature (1). De même, aux termes de l'article 805 du même code, l'héritier bénéficiaire ne peut vendre les meubles de la succession que par le ministère d'un officier public, *aux enchères* et après les affiches et publications accoutumées.

Les dispositions impératives de ces deux prescriptions du code civil sont souvent méconnues et, il faut bien le reconnaître, parfois à l'instigation ou sur les conseils des notaires, qui annoncent eux-mêmes la réalisation *à l'amiable* des meubles et effets mobiliers appartenant à des mineurs ou dépendant d'une succession bénéficiaire.

(1) Rappelons que l'article 452 du code civil ainsi que la loi du 27 février 1880 ne s'appliquent pas au père administrateur légal des biens de ses enfants mineurs de dix-huit ans.

Lorsqu'il s'agit de *meubles corporels*, la loi est for
melle et fait au tuteur et à l'héritier bénéficiaire une
obligation de les réaliser *aux enchères* par le ministère
d'un officier public. Il n'en est pas de même lorsqu'il
s'agit de *meubles incorporels*, tels qu'un fonds de
commerce, appartenant à un mineur. Dans ce cas, et
conformément à la loi du 27 février 1880, c'est au conseil de famille qu'il appartient de déterminer la forme
de la vente.

Qu'arriverait-il si le tuteur, ou l'héritier, avait
vendu les meubles du mineur ou dépendant de la succession bénéficiaire sans observer ces formalités ?
Théoriquement la *vente serait nulle* ; mais les tiers
seraient presque toujours à l'abri de toute réclama-
tion grâce à la règle : en fait de meubles possession
vaut titre. Cependant, le tuteur serait exposé à une
action en responsabilité et dommages-intérêts de la
part de son pupille devenu majeur, mais à la charge
de démontrer le préjudice causé. D'autre part, l'héritier bénéficiaire pourrait être déclaré déchu du bé-
néfice d'inventaire.

Quant au commissaire-priseur, la Conférence estime qu'il n'a pas d'action contre le tuteur ou l'héritier bénéficiaire qui méconnaît, même à son préjudice,
les dispositions formelles des articles 452 et 805 du
code civil ; mais il pourrait peut-être en avoir une
contre le notaire qui aurait favorisé cette violation de
la loi, à son profit personnel et au détriment de l'officier ministériel qui possède, au chef-lieu de son établissement, le privilège exclusif de toutes les ventes
publiques mobilières prescrites par la loi (Ass. gén.,
28 oct. 1900).

46. *Objets mobiliers appartenant à l'Etat ; ventes aux enchères.* — Tout en reconnaissant qu'en donnant au gouvernement la faculté la plus illimitée de déterminer, soit le genre d'aliénation des objets mo· biliers appartenant à l'Etat, soit la forme employée pour y parvenir, soit enfin de choisir l'agent chargé de la consommer, la loi du 2 nivôse an IV a certainement permis à l'administration d'enlever, dans certains cas, aux commissaires-priseurs et autres officiers publics préposés aux ventes publiques mobilières, le privilège exclusif que des lois antérieures ou postérieures ont consacré (1) ; la Conférence émet le vœu que l'Etat, usant de la *faculté* qui lui est concédée par la législation spéciale en cette matière et sans la modifier, confie aux commissaires-priseurs la vente aux enchères des objets mobiliers lui appartenant (Ass. gén., 17 oct. 01 et 26 oct. 02).

De nombreuses démarches ayant été faites auprès des ministres compétents, pour obtenir la réalisation de ce vœu et ces démarches n'ayant pas encore abouti à une solution satisfaisante, la Conférence, persistant dans ses délibérations antérieures, charge son président de renouveler les démarches déjà faites, se réservant de saisir le Parlement de cette question qui intéresse vivement toute la corporation des commissaires-priseurs (Ass. gén., 10 nov. 07).

— Voir : *Chevaux réformés* (vente aux enchères des).

---

(1) Voir notamment : Lettre au directeur général des Domaines et sa réponse du 25 février 1902 (*Journ. Com.-pris*, 02, 57 à 64).

47. *Opposition sur le prix de vente*. — Le commissaire-priseur ne doit jamais se faire juge des oppositions ou des transports qui lui sont signifiés soit avant, soit au cours de la vente ; son devoir est alors de déposer le montant de l'adjudication, déduction faite de ses frais et honoraires, à la charge des oppositions ou transports qui lui ont été signifiés (Ass. gén., 2 nov. 90).

48. *Placards ; rédaction*. — La rédaction des placards, dans les ventes mobilières sur saisie, appartient au commissaire-priseur, qui a seul le droit à l'émolument y afférent (1). L'huissier n'a droit qu'à l'émolument fixé par le tarif de 1807 pour le procès-verbal d'apposition des placards (Ass. gén., 4 nov. 88 et 16 oct. 98).

49. *Prisées de tous objets mobiliers dépendant d'une succession*. — Toute déclaration de succession devrait être accompagnée de l'expédition d'un procès-verbal d'estimation régulière des meubles et objets mobiliers dépendant de ladite succession, faite par ministère d'un commissaire-priseur ou d'un autre officier public dans les lieux où il n'en existe pas (Ass. gén., 15 nov. 85).

50. *Priseur (titre de)*. — Le titre de *priseur* est spécial aux commissaires-priseurs (2). L'adjonction de

(1) En ce sens, Cassation, 23 juin 1852, *Idem*, 52, 202 : Clermont-Ferrand et Montauban, *Journ. Com.-pris.*, 89, 207 et 90, 66.

(2) En ce sens, lettre de M. le Procureur général près la cour de Paris en date du 8 mai 1896 (*Journ. des Com.-pris.*, 96, 33 et 121).

ce mot à la dénomination légale des huissiers ou des greffiers de justice de paix constitue une usurpation de titre qui doit être réprimée (Ass. gén., 10 nov. 95).

Des marchands brocanteurs ne pourraient indiquer au public, par des affiches ou des enseignes, sans porter atteinte aux droits des commissaires-priseurs, qu'ils se chargent des ventes et des *prisées* (Ass. gén., 30 oct. 04).

51. *Prix de vente ; commissaire-priseur, débiteur ou dépositaire au moment de l'ouverture d'une succession ; déclaration obligatoire au directeur de l'enregistrement.* — Les commissaires-priseurs sont tenus, en leur qualité d'officiers ministériels, de faire connaître au directeur de l'enregistrement de leur résidence la liste des titres, sommes ou valeurs dépendant d'une succession qu'ils sauraient ouverte et dont ils seraient dépositaires, détenteurs ou débiteurs (loi fiscale du 28 février 1901, art. 15, § 3).

Pour l'application de cette disposition de loi, la Conférence décide que le commissaire-priseur n'est tenu à la déclaration que si les fonds dont il est détenteur proviennent d'une vente antérieure au décès (1) (Ass. gén., 27 oct. 01).

52. *Procès-verbaux de vente ; foi due à leurs énonciations jusqu'à inscription de faux.* — Considérant que la cour de Cassation ayant décidé (2) que les procès-verbaux de vente des commissaires-priseurs font foi jusqu'à inscription de faux des énonciations con-

(1) Solution conforme du directeur de l'enregistrement.
(2) Arrêt du 13 mars 1867, *Journ. Com. pris.*, 68, 93.

cernant les faits que ces officiers publics sont chargés par la loi d'attester personnellement, la Conférence estime que de simples dépositions de témoins, même entendus dans une enquête sous la foi du serment, ne sauraient combattre les énonciations d'un procès-verbal de vente relative soit à la publicité de la vente, soit à la mise aux enchères des objets vendus (1) (Ass. gén. 10 nov., 05).

53. *Reddition de comptes aux vendeurs.* — A propos d'un crédit qu'un commissaire-priseur avait, sous sa responsabilité, accordé à un héritier bénéficiaire qui s'était rendu adjudicataire de quelques objets de la succession, la Conférence a rappelé que le commissaire-priseur avait pour devoir, dans toutes les circonstances, de se libérer le plus tôt possible des fonds dont il était détenteur et que, notamment en présence du refus d'un héritier bénéficiaire d'accepter le règlement effectif de son compte, il y avait lieu de lui faire des offres réelles et de l'assigner même au besoin en validité des dites offres (Ass. gén., 11 nov. 06).

54. *Salle de ventes ; exploitation en commun par les commissaires-priseurs d'une même résidence ; frais de location.* — La Conférence, s'inspirant d'une décision récente (2), « rappelle à ses membres que s'il est loisible aux commissaires-priseurs d'une même résidence de s'associer pour offrir au public une salle de vente, ce qui diminue leurs frais généraux, cette association deviendrait délictueuse au cas où elle aurait

(1) En ce sens : C. Grenoble, 18 mai 1906, *Journ. Com.-pr.*, 07,14.
(2) Trib. Troyes, 19 juin 1901, *Journ. Com.-pris.*, 01, 167.

pour but un partage conventionnel de bénéfices, faisant échec à la bourse commune ou au tarif de 1843 » (Ass. gén., 17 oct. 01).

Le droit de location de salles de vente est essentiellement variable suivant l'importance des villes et les usages locaux. Il doit comprendre un droit fixe, ou un droit proportionnel à débattre avec le déposant, ou à arbitrer par le tribunal en cas de contestation. — Il est d'ailleurs entendu que, dans les droits de location à percevoir, sont compris, outre la location de la salle, les frais d'assurance, d'hommes de peine, de publicité et tous les frais généralement quelconques (Ass. gén., 9 mai 86).

55. *Substitution de fonctions en cas de service militaire, d'absence ou de maladie.* — Un commissaire-priseur, appelé à un service militaire, doit présenter requête au président du tribunal civil de son ressort pour obtenir l'autorisation de se faire substituer par un notaire, un huissier ou un greffier de justice de paix de son choix et de sa résidence (Ass. gén., 13 nov. 92).

Il en doit être de même en cas de maladies ou d'empêchements temporaires (Ass. gén., 10 nov. 95).

La Conférence s'est associée, d'autre part, à une proposition de loi, rédigée par le Comité des notaires de départements, concernant le remplacement des officiers ministériels astreints à un service militaire en cas de guerre ou de mobilisation (1). Elle a rap-

---

(1) Lire au besoin le texte de cette proposition dans le *Journ. Com.-pris.*, 06, 144 et suiv.

pelé à cette occasion que, dans les villes où résident plusieurs commissaires-priseurs, l'un d'eux ne peut être remplacé que par un de ses collègues (Ass. gén., 11 nov. 06).

56. *Tarif de 1843 ; modifications dont il pourrait être susceptible.* — Sur la proposition d'un de ses membres (1), la Conférence a été appelée à examiner les modifications dont la loi du 18 juin 1843 pourrait être susceptible et, après une étude très sérieuse de la question (2) et une discussion en assemblée générale de ses membres, les résolutions suivantes ont été prises (Ass. gén., 25 oct. 1903) :

1° Le tarif de 1843, qui alloue aux commissaires-priseurs un émolument proportionnel de 6 0/0 sur le produit des ventes, non compris les déboursés pour y parvenir et en acquitter le droit, ainsi que diverses vacations limitativement énumérées, ne paraît susceptible, quant à présent, d'aucune modification ou adjonction.

Il en est de même pour le décret du 5 novembre 1851, concernant le tarif des droits alloués pour les ventes publiques de fruits et récoltes pendants par racines et des coupes de bois taillis.

2° La Conférence, par interprétation de la loi du 18 juin 1843, estime que :

a) Le calcul du 6 0/0 doit se faire sur le produit brut

---

(1) M. Dubignon (du Mans). — Voir sa proposition dans le *Journal des Commissaires-priseurs*, 03,145.

(2) Voir le rapport présenté à ce sujet par la commission (*Idem*, 03, 252).

et total des ventes, ainsi que cela est d'ailleurs admis par la plupart des magistrats taxateurs (1).

b) Le taux des vacations, alloué aux commissaires-priseurs de Paris, Lyon, Bordeaux, Rouen, Toulouse et Marseille, doit être, par analogie, alloué aux commissaires-priseurs de toutes les autres villes dont la population s'élève actuellement, ou s'élèvera par la suite, à plus de 100.000 habitants ;

c) Doivent être considérés comme *déboursés* à allouer aux commissaires-priseurs les frais de location de leurs salles de ventes, aussi bien pour les expositions que pour les ventes, ainsi que pour le magasinage des objets que les vendeurs y déposent.

d) Les commissaires-priseurs ont droit à une *indemnité de transport*, comme tous les autres officiers ministériels, lorsqu'ils sont obligés, pour accomplir un acte quelconque de leur ministère, de se rendre à plus de deux myriamètres du chef-lieu de leur résidence. Cette indemnité peut figurer au nombre de leurs déboursés.

e) Pour les *estimations amiables* des objets mobiliers, aussi bien que pour la distribution amiable des deniers provenant des ventes auxquelles ils ont procédé, l'honoraire du commissaire-priseur ne peut résulter que de conventions arrêtées entre lui et les parties qui ont eu recours à son intervention.

(1) Il convient toutefois de noter ici, en sens contraire, l'arrêt de Paris du 6 février 1905 (*Journ. Com.-pris.*, 05, 331) qui décide que le calcul ne doit se faire que sur le montant de l'adjudication, sans y ajouter les 5 ou 10 0/0 en sus, mis à la charge des adjudicataires, en déduction des frais de vente. — Un pourvoi formé contre cet arrêt, admis par la chambre des Requêtes, le 1er mai 1907 (07, 97), est toujours pendant devant la cour de Cassation.

57. *Taxes de remplacement établies par certaines villes en suite de la suppression des actions.* — La Conférence émet le vœu que les municipalités, qui suppriment tout ou partie de leurs droits d'octroi, ne frappent pas d'une taxe de remplacement les ventes publiques mobilières ; qu'en tous cas, cette taxe ne dépasse pas le taux de 1 pour 100, admis par la ville de Paris ; et que cette taxe atteigne toutes les ventes mobilières aux enchères, de quelque nature qu'elles soient et quel que soit l'officier public appelé à y procéder (Ass. gén., 26 oct. 1902).

58. *Transport des objets saisis sur le lieu de la vente.* — Le transport des objets saisis sur les lieux de la vente incombe à l'huissier chargé des poursuites (Ass. gén., 13 nov. 92 et 12 nov. 93).

59. *Vacations dues aux commissaires-priseurs dans les villes ayant une population supérieure à 100.000 habitants.* — La Conférence estime qu'il y a lieu d'allouer des vacations de 6 francs aux commissaires-priseurs qui résident dans des villes ayant plus de 100.000 habitants, par analogie avec ce qu'a prescrit la loi du 18 juin 1843 pour les commissaires-priseurs des six villes qui avaient seules alors une population atteignant ce chiffre. Cela est d'autant plus juste que le cautionnement des commissaires-priseurs est augmenté lorsque la population de la ville où ils résident dépasse 100.000 habitants (Ass. gén., 22 oct. 99 et 26 oct. 02).

60. *Ventes administratives.* — Il serait à souhaiter que les divers décrets concernant les ventes adminis-

tratives de meubles et effets mobiliers fussent rappor-
tés et que ces diverses ventes fussent désormais attri-
buées exclusivement aux commissaires-priseurs ou
autres officiers publics, conformément à leurs attributions respectives (Ass. gén., 15 nov. 85).

— Voir : *Chevaux réformés ; Objets appartenant à
l'Etat.*

61. *Ventes à la requête de la Régie ; opposition
sur le prix ; émoluments dus à l'officier vendeur ;
distinction.* — La Conférence estime que le commissaire-priseur qui, au cours d'une vente poursuivie à
la requête de la régie, reçoit des oppositions sur le
prix de vente, doit continuer la vente des objets saisis jusqu'à ce qu'il ait atteint le montant desdites oppositions. Dans ce cas, les émoluments du commissaire-
priseur seront réglés conformément au tarif réduit de
1820 sur le produit de la vente qui servira à payer le
montant des contributions dues (1) et conformément au
tarif de 1843 pour le surplus (Ass. gén., 11 nov. 06).

62. *Ventes amiables.* — Les ventes à *l'amiable* ou
de gré à gré de meubles ou effets mobiliers sont formellement interdites aux commissaires-priseurs, alors
même que ceux-ci, pour ne pas frustrer le Trésor
prendraient soin de mentionner ces ventes au nombre
des adjudications mentionnées dans le procès-verbal

(1) Les émoluments dus aux commissaires-priseurs pour les
ventes poursuivies à la requête de la Régie ne sont pas taxés
conformément à la loi des 18 juin 1843, mais conformément aux
arrêtés préfectoraux pris en vertu des lois du 15 mai 1818 (art. 51)
et 23 juillet 1820 (art. 31) en matière de contributions directes
(Cassation, 9 février 1903, *Journ. Com.-pris.*, 03, 94).

d'une vente aux enchères postérieure (Ass. gén., 2 nov. 96).

La Conférence ayant eu à examiner la question de savoir si le ministère du commissaire priseur est obligatoire pour réaliser à l'amiable, conformément à l'ordonnance du juge (art. 486 du code de commerce), les marchandises ou objets mobiliers du failli ou du liquidé judiciaire, affirme de nouveau que, dans aucun cas, le commissaire-priseur ne doit procéder à la vente amiable d'un objet mobilier quelconque. Il n'a été institué que pour procéder aux ventes publiques *aux enchères* d'effets mobiliers et, s'il sert d'intermédiaire pour une vente amiable ou de gré à gré, il sort de son rôle et s'expose à des poursuites disciplinaires parfaitement justifiées (Ass. gén., 10 oct. 98).

63. *Ventes omnibus.* — Il n'est interdit par aucun texte de loi ou règlement aux commissaires-priseurs de réunir les meubles ou effets mobiliers appartenant à diverses personnes pour les vendre en même temps.

Ils peuvent aussi introduire dans les ventes judiciaires des quantités plus ou moins considérables d'objets étrangers à ces ventes, mais à charge par eux d'en faire la déclaration préalable tant à l'enregistrement qu'au public (1) et d'obtenir l'autorisation des vendeurs intéressés (Ass. gén., 2 nov. 90).

(1) En ce sens, un jugement de Sedan du 28 octobre 1890 (*Journ. Com.-pris.*,91,65). — Dans les ventes judiciaires, ce n'est pas seulement le procès-verbal de vente qui doit mentionner les diverses provenances des objets mis en vente, un arrêt d'Amiens,du 12 décembre 1895, exige que les *affiches* annonçant la vente en fassent mention (*Idem*, 96, 17 et la note). De plus,

64. *Ventes sur saisie ; adjudication au saisi de partie des objets.* — La Conférence estime que le commissaire-priseur peut adjuger tout ou partie des objets saisis au saisi lui-même, ou à un tiers agissant dans son intérêt ; le montant de l'adjudication devant être versé comptant, par l'un ou par l'autre, il ne peut y avoir aucun préjudice causé au saisissant ou aux autres créanciers du saisi (Ass. gén., 10 nov. 07).

65. *Vente sur place des objets mobiliers saisis.* — Si le président du tribunal est, aux termes de l'article 607 du code de procédure, souverain appréciateur de la question de savoir si la vente des objets saisis doit avoir lieu sur place, au domicile du saisi, ou dans un autre endroit, la Conférence rappelle que c'est l'intérêt du débiteur saisi et de ses créanciers qui doit guider uniquement le magistrat dans son choix et qu'il importe, dès lors, que, dans la requête à lui présentée, les motifs de déroger à la règle générale posée au début de l'article 607 soit très nettement précisés. Il convient d'éviter en effet, que, pour des motifs invoqués dans l'intérêt du saisi et de ses créanciers, s'en dissimulent d'autres n'intéressant que l'officier vendeur, par exemple l'huissier poursuivant l'exécution de la saisie (Ass. gén., 10 nov. 07).

lorsque les commissaires-priseurs veulent procéder, dans leurs salles de vente, à une *vente omnibus*, immédiatement après une vente judiciaire, un jugement du tribunal de Dieppe du 24 novembre 1897 leur impose l'obligation de prévenir *au préalable et notoirement* le public sur le changement dans la nature de la vente et sur la nouvelle provenance des objets mobiliers qui vont être mis en vente (*Idem*, 97, 325 et la note).

66. *Ventes sur saisie ; lieu de la vente ; autorisation nécessaire.* — Les commissaires-priseurs ne doivent pas négliger de se faire autoriser, par voie de requête présentée au président du tribunal civil, à procéder à une vente mobilière sur saisie dans un autre lieu que le plus prochain marché public, bien que l'inobservation des formalités ordonnées par les articles 614 et 617 du code de procédure, non prescrites à peine de nullité, ne puisse entraîner la nullité de la vente.

Le commissaire-priseur négligent pourrait toutefois être actionné en dommages-intérêts par les créanciers ou le saisi, dans le cas où les conditions dans lesquelles la vente s'est faite auraient porté une réelle atteinte aux intérêts des créanciers ou du saisi (Ass. gén., 17 oct. 97).

Imp. J. Thevenot, Saint-Dizier (Haute-Marne).

9 782014 020823